A César Rafael,
mi primer libro

El cumpleaños de Baldomero

Isabel M. Febles Iguina

Ilustraciones: Nívea Ortiz Montañez

Se acercaba el verano. Pronto llegaría el mes de junio, cuando Baldomero cumpliría siete años.

Una tarde, Baldomero se sentó en el balcón con su papá y su mamá, y se dispuso a hacer la lista de los invitados a su fiesta de cumpleaños.

—Baldomero, sólo puedes invitar a cinco amigos —dijo su mamá—. Nuestra casa es pequeña y el patio también.

Entonces, Baldomero pensó y pensó. Y luego de mucho pensar, dijo: —Invitaré a Tata y a Paco, que viven al lado. De la escuela, invitaré a Carlos y a Luisa.

—¿Quién será el quinto invitado? —preguntó el papá.
Baldomero dudó un poco.
—¿Qué sucede, hijo? —volvió a preguntar su papá.

—Es que siento tristeza,
Papá. Quiero invitar a Tito
al cumpleaños, pero, tal vez,
no debo hacerlo.
—¿No? ¿Por qué? ¿Cuál es la
razón? —cuestionó la mamá,
preocupada.

—Tito es sordo. No puede escuchar —dijo Baldomero—, y nosotros no sabemos hablar en lenguaje de señas.

—En la escuela, Claudia y la maestra se comunican con Tito con el lenguaje de señas. Ellas le explican a Tito lo que nosotros decimos y nos dicen a nosotros lo que dice Tito. Sin ellas, ¿cómo nos comunicamos con Tito en el cumpleaños? —expuso Baldomero.

—Baldomero, yo no veo problema con eso —dijo el papá—. No creo que la condición de Tito sea un impedimento para que venga al cumpleaños.

—Estoy segura de que él puede jugar y va a disfrutar mucho, aunque no pueda escucharlos —aclaró la mamá.

—Entonces, lo invitaré —resolvió
Baldomero, contento.

Cuando recibieron la invitación,
los cinco niños aceptaron asistir
a la fiesta de cumpleaños de
Baldomero.

Todos esperaron la ocasión
muy contentos y ansiosos.

El día de la fiesta de cumpleaños, Tito fue el primero que llegó al hogar de Baldomero. Le trajo un regalo particular. Era una libreta para dibujar y pintar, acompañada de pinceles y muchos envases de pintura de colores distintos.

Baldomero le dijo a Tito con gestos:
—Tito, gracias. Me gusta mucho tu
regalo, pero yo no sé pintar.

Entonces, Tito le hizo señas a Baldomero
y le pidió permiso para abrir las pinturas.
Baldomero accedió, y Tito le dibujó y le
coloreó un barco precioso.

Baldomero quedó impresionado con el dibujo.

Después de pintar, los invitados jugaron, cantaron cumpleaños y comieron mucho, mucho bizcocho. Cuando llegó la noche, los invitados se despidieron de Baldomero, felices y agradecidos.

Entonces, Baldomero abrazó a sus padres, conmovido. —Fue buena idea invitar a Tito al cumpleaños —les dijo Baldomero—. Si no lo hubiera hecho, no habría descubierto qué divertido es tenerlo como amigo.

Actividades sugeridas

1. Antes de la lectura pida a su niño o niña que lea el título del libro. Describan lo que ven en la portada y conversen sobre las fiestas de cumpleaños y las cosas que ocurren en ellas.

   Hagan una predicción sobre lo que ocurrirá en el cuento. Luego, pasen las páginas para observar las ilustraciones. Hablen sobre las expresiones en los personajes y traten de adelantar cuál es la situación que se narra.

2. Lea el cuento en voz alta. Haga pausas entre una página y otra, y pida la opinión de su niño o niña cada vez. Pregunte:

   - ¿Crees que la falta de audición es un impedimento para disfrutar y compartir con amigos y familiares?
   - ¿Piensas que Baldomero tomó una buena decisión al invitar a Tito a la fiesta de cumpleaños? ¿Por qué?
   - ¿Qué aprendió Baldomero sobre Tito el día del cumpleaños?
   - ¿Invitarías a un amigo que tenga necesidades especiales a tu fiesta de cumpleaños? ¿Por qué?
   - ¿Cómo ayudaron los padres de Baldomero para que su hijo tomara una decisión?
   - ¿Consideras importante consultar con otras personas cuando necesitas tomar una decisión? ¿Por qué?

3. Observen las ilustraciones mientras hacen la lectura. Identifiquen los personajes por su nombre mientras van apareciendo en la narración. Corroboren si las predicciones que hicieron sobre la situación que trata el cuento fueron correctas.

4. Después de la lectura conversen sobre diferentes condiciones físicas que se sufren en la niñez. Explique a su niño o niña que las condiciones físicas no son impedimento para poder compartir entre amigos.

Haga una investigación a través de la Internet y busque algunos datos sobre la sordera. Explique a su niño o niña las necesidades especiales que tienen los niños que presentan esta condición. Destaque la importancia de tomar en cuenta estas necesidades cuando comparten con niños sordos. Explique que el ser cortés facilita que todos se sientan cómodos y alegres.

Un paso más

Investiguen sobre el lenguaje de señas. Verifiquen si hay una escuela cercana a su comunidad en la que puedan tomarse clases para aprender lenguaje de señas y tomen las clases juntos.

Summer was almost here. Soon it would be June, and Baldomero would be seven years old.

One afternoon, Baldomero sat down on the balcony with his father and mother and they began to prepare the list of guests to invite to his birthday party.

"Baldomero, you can only invite five friends," his mother told him. "Our house is small and so is the yard."

So Baldomero thought and thought. And after he had thought a lot he said, "I will invite Tata and Paco, who live next door. From school, I will invite Carlos and Luisa."

"Who will your fifth guest be?" his father asked.
Baldomero hesitated for a moment.
"What's wrong, son?" his father asked.

"I feel sad, Daddy. I want to invite
Tito to my party, but maybe I
shouldn't."
"No? Why not? Why shouldn't you?
his mother asked, concerned.

"Tito is deaf. He can't hear," Baldomero said, "and we don't know sign language."

"At school, Claudia and the teacher communicate with Tito in sign language. They explain what we say to Tito. And they tell us what Tito says. Without them, how can we communicate with Tito during the party?" Baldomero said.

"I don't think that will be a problem, Baldomero," his father said. "It's surely not something to keep Tito from coming to the birthday party."

"I'm sure he will play and have a good time, even if he cannot hear us," Baldomero's mother said.

"I'm going to invite him!"
Baldomero decided, happily.

When they received the invitation, the five children said they would come to Baldomero's birthday party.

Happy and excited, everyone looked forward to the occasion.

The day of the birthday party, Tito was the first to arrive at Baldomero's house. He brought a special gift. It was a notebook for drawing and painting, with brushes and lots of paints of different colors.

"Thank you, Tito!" Baldomero gestured, "I like your gift, but I don't know how to paint!"

So Tito gestured to Baldomero asking if he could open the paints. Baldomero nodded yes, and Tito first drew and then colored a lovely boat for him.

The painting made a big impression on Baldomero.

When the rest of the guests arrived, they too wanted Tito to teach them to paint. Baldomero's mother prepared a space at the table and Tito showed the other children how to paint different pictures. They also mixed the paints to make new colors and shades.

As they painted, the children forgot that Tito could not hear them. They communicated with each other just as they usually did. They were having a good time together and enjoying themselves.

After they were through painting, the guests played and sang "Happy Birthday" and had a lot to eat. When it began to get dark, the happy and appreciative guests said goodbye to Baldomero.

Then Baldomero, who was very moved, hugged his parents. "It was a good idea to invite Tito to the birthday party," Baldomero said. "If I hadn't, I wouldn't have discovered how much fun it is to have him as my friend."

Suggested activities

1. Before reading the story, ask the child to read the title of the book. Describe what is on the cover and talk with him or her about birthday parties and what happens during such parties.

   Say what you think will take place in the story. Then leaf through the story looking at the pictures. Talk about the expressions of the characters and try to figure out what situations will be part of the story.

2. Read the story aloud. Pause between pages and ask the child's opinion each time. Ask:

   • Do you think that being deaf is an obstacle to having a good time and sharing experiences with friends and family?
   • Do you think that Baldomero made the right decision in inviting Tito to the birthday party? Why?
   • What did Baldomero learn about Tito on his birthday?
   • Would you invite a friend who had special needs to your birthday party? Why?
   • How did Baldomero's parents help their son make a decision?
   • Do you think it is important to consult other people when you have to make a decision? Why?

3. Look at the illustrations while doing the reading. Identify the characters by their names as they appear in the story. Check to see if the predictions the child made about the situations in the story were correct.

4. After reading the story, talk about being deaf. Explain to the child that

being deaf is not an obstacle to sharing experiences with their friends.

Using the Internet, look for information about deafness in childhood. Explain to the child that children

who are deaf have special needs. Stress the importance of taking these needs into account when sharing experiences with deaf children. Explain that courtesy helps everyone to feel at ease and enjoy the experience.

A further step

Research sign language. See if there is a school near your community where one can take classes in sign language, then sign up to take classes together.

Isabel M. Febles Iguina

Nació en San Juan, Puerto Rico. Posee una maestría en Educación Especial de la Universidad de Puerto Rico en Río Piedras y un doctorado en Educación. Actualmente es profesora en el Departamento de Pedagogía de la Universidad de Puerto Rico en Bayamón.

Nívea Ortiz Montañez

Nació en San Juan, Puerto Rico. Es egresada del Pratt Institute en Nueva York. Es una destacada ilustradora y lleva en su carrera más de 15 años. Ha ilustrado una considerable cantidad de libros infantiles con su estilo particular. Trabaja para editoriales internacionales así como para grupos editoriales de la isla. Su trabajo en ilustración ha sido reconocido por la Society of Illustrators en Nueva York y por la Society of Newspaper Design. Cuenta que se encuentra preparando una exhibición de pinturas "inspiradas en una prolongada visita hecha a Sicilia, Italia".

Isabel M. Febles Iguina

Isabel M. Febles Iguina was born in San Juan, Puerto Rico. She has a Master's degree in Special Education from the University of Puerto Rico in Río Piedras and a doctorate in Education. At present, she is a professor in the Department of Education at the University of Puerto Rico in en Bayamón.

Nívea Ortiz Montañez

Nívea Ortiz Montañez was born in San Juan, Puerto Rico. She is a graduate of Pratt Institute in New York with more than 15 years of experience as an illustrator. She has illustrated many children's books in her particular style and works for international and local publishing houses. Her illustrations have been recognized by the Society of Illustrators in New York and by the Society of Newspaper Design.

El cumpleaños de Baldomero

Texto: Isabel Febles Iguina
Ilustraciones: Nívea Ortiz Montañez
Traducción al inglés: Marshall Morris
Impreso por: Editorial Nomos S.A.
Impreso en Colombia - Printed in Colombia

ISBN: 978-0-8477-0450-7

Compilación y edición de textos de la Serie: Ángeles Molina Iturrondo y Carmen Teresa Pujols
Actividades sugeridas: Carmen Teresa Pujols
Coordinación editorial: Eunice Castro Camacho
Diseño y diagramación: Carmen R. Lebrón Anaya

La Editorial
Universidad de Puerto Rico
Apartado 23322
San Juan, Puerto Rico 00931-3322
www.laeditorialupr.com